René Guénon

La Métaphysique orientale
&
Saint Bernard

ⓞmnia Veritas

René Guénon
(1886-1951)

La Métaphysique orientale
Première édition 1939 – Paris, Éditions Traditionnelles

&

Saint Bernard
Publié dans **La vie et les œuvres de quelques grands saints** *en 1926.*
Republié séparément en 1929.

Publié par
Omnia Veritas Ltd

www.omnia-veritas.com

LA MÉTAPHYSIQUE ORIENTALE 7

SAINT BERNARD 51

LIVRES DE RENÉ GUÉNON 85

René Guénon

LA MÉTAPHYSIQUE ORIENTALE

René Guénon

J'ai pris comme sujet de cet exposé la métaphysique orientale ; peut-être aurait-il mieux valu dire simplement la métaphysique sans épithète, car, en vérité, la métaphysique pure étant par essence en dehors et au-delà de toutes les formes et de toutes les contingences, n'est ni orientale ni occidentale, elle est universelle. Ce sont seulement les formes extérieures dont elle est revêtue pour les nécessités d'une exposition, pour en exprimer ce qui est exprimable, ce sont ces formes qui peuvent être soit orientales, soit occidentales ; mais, sous leur diversité, c'est un fond identique qui se retrouve partout et toujours, partout du moins où il y a de la métaphysique vraie, et cela pour la simple raison que la vérité est une.

S'il en est ainsi, pourquoi parler plus spécialement de métaphysique orientale ? C'est que, dans les conditions intellectuelles où se trouve actuellement le monde occidental, la métaphysique y est chose oubliée, ignorée en général, perdue à peu près entièrement, tandis qu'en Orient, elle est toujours l'objet d'une connaissance effective. Si l'on veut savoir ce qu'est la métaphysique, c'est donc à l'Orient qu'il faut s'adresser ; et, même si l'on veut retrouver quelque chose des anciennes traditions métaphysiques qui ont pu exister en Occident, dans un Occident qui, à bien des égards, était alors singulièrement plus proche de l'Orient qu'il ne l'est aujourd'hui, c'est surtout à l'aide des doctrines orientales et par comparaison avec celles-ci que l'on pourra y parvenir, parce que ces doctrines sont les seules qui, dans ce domaine métaphysique, puissent encore être étudiées directement. Seulement, pour cela, il est bien évident qu'il faut les étudier comme le font les Orientaux eux-mêmes, et non point en se livrant à des interprétations plus ou moins hypothétiques et parfois tout à fait fantaisistes ; on oublie trop souvent que les civilisations orientales existent toujours et qu'elles ont encore des représentants qualifiés, auprès desquels il suffirait de s'informer pour savoir véritablement de quoi il s'agit.

J'ai dit métaphysique orientale, et non uniquement métaphysique hindoue, car les doctrines de cet ordre, avec tout ce qu'elles impliquent, ne se rencontrent pas que dans l'Inde, contrairement à ce que semblent croire certains, qui d'ailleurs ne se rendent guère compte de leur véritable nature. Le cas de l'Inde n'est nullement exceptionnel sous ce rapport ; il est exactement celui de toutes les civilisations qui possèdent ce qu'on peut appeler une base traditionnelle. Ce qui est exceptionnel et anormal, ce sont au contraire des civilisations dépourvues d'une telle base ; et à vrai dire, nous n'en connaissons qu'une, la civilisation occidentale moderne. Pour ne considérer que les principales civilisations de l'Orient, l'équivalent de la métaphysique hindoue se trouve, en Chine, dans le Taoïsme ; il se trouve aussi, d'un autre côté, dans certaines écoles ésotériques de l'Islam (il doit être bien entendu, d'ailleurs, que cet ésotérisme islamique n'a rien de commun avec la philosophie extérieure des Arabes, d'inspiration grecque pour la plus grande partie). La seule différence, c'est que, partout ailleurs que dans l'Inde, ces doctrines sont réservées à une élite plus restreinte et plus fermée ; c'est ce qui eut lieu aussi en Occident au moyen âge, pour un ésotérisme assez comparable à celui de l'Islam à bien des égards, et aussi purement métaphysique que celui-ci, mais dont les modernes, pour la plupart, ne soupçonnent même plus l'existence. Dans l'Inde, on ne peut parler d'ésotérisme au sens propre de ce mot, parce qu'on n'y trouve pas une doctrine à deux faces, exotérique et ésotérique ; il ne peut être question que d'un ésotérisme naturel, en ce sens que chacun approfondira plus ou moins la doctrine et ira plus ou moins loin selon la mesure de ses propres possibilités intellectuelles, car il y a, pour certaines individualités humaines, des limitations qui sont inhérentes à leur nature même et qu'il leur est impossible de franchir.

Naturellement, les formes changent d'une civilisation à une autre, puisqu'elles doivent être adaptées à des conditions différentes ; mais, tout en étant plus habitué aux formes hindoues, je n'éprouve aucun scrupule à en employer d'autres au besoin, s'il se trouve qu'elles puissent aider la compréhension sur certains points : il n'y a à cela aucun inconvénient, parce que ce ne sont en somme que des expressions diverses de la même chose. Encore une fois, la vérité est une, et elle est la même pour tous ceux qui, par une voie quelconque, sont parvenus à sa connaissance.

Cela dit, il convient de s'entendre sur le sens qu'il faut donner ici au mot « métaphysique », et cela importe d'autant plus que j'ai souvent eu l'occasion de constater que tout le monde ne le comprenait pas de la même façon. Je pense que ce qu'il y a de mieux à faire, pour les mots qui peuvent donner lieu à quelque équivoque, c'est de leur restituer autant que possible leur signification primitive et étymologique. Or, d'après sa composition, ce mot « métaphysique » signifie littéralement « au-delà de la physique », en prenant « physique » dans l'acception que ce terme avait toujours pour les anciens, celle de « science de la nature » dans toute sa généralité. La physique est l'étude de tout ce qui appartient au domaine de la nature ; ce qui concerne la métaphysique, c'est ce qui est au-delà de la nature. Comment donc certains peuvent-ils prétendre que la connaissance métaphysique est une connaissance naturelle, soit quant à son objet, soit quant aux facultés par lesquelles elle est obtenue ? Il y a là un véritable contresens, une contradiction dans les termes mêmes ; et pourtant, ce qui est le plus étonnant, il arrive que cette confusion est commise même par ceux qui devraient avoir gardé quelque idée de la vraie métaphysique et savoir la distinguer plus nettement de la pseudo-métaphysique des philosophes modernes.

Mais, dira-t-on peut-être, si ce mot « métaphysique » donne lieu à de telles confusions, ne vaudrait-il pas mieux renoncer à son emploi et lui en substituer un autre qui aurait moins d'inconvénients ? À la vérité, ce serait fâcheux, parce que, par sa formation, ce mot convient parfaitement à ce dont il s'agit ; et ce n'est guère possible, parce que les langues occidentales ne possèdent aucun autre terme qui soit aussi bien adapté à cet usage. Employer purement et simplement le mot « connaissance », comme on le fait dans l'Inde, parce que c'est en effet la connaissance par excellence, la seule qui soit absolument digne de ce nom, il n'y faut guère songer, car ce serait encore beaucoup moins clair pour des Occidentaux, qui, en fait de connaissance, sont habitués à ne rien envisager en dehors du domaine scientifique et rationnel. Et puis est-il nécessaire de tant se préoccuper de l'abus qui a été fait d'un mot ? Si l'on devait rejeter tous ceux qui sont dans ce cas, combien en aurait-on encore à sa disposition ? Ne suffit-il pas de prendre les précautions voulues pour écarter les méprises et les malentendus ? Nous ne tenons pas plus au mot « métaphysique » qu'à n'importe quel autre ; mais, tant qu'on ne nous aura pas proposé un meilleur terme pour le remplacer, nous continuerons à nous en servir comme nous l'avons fait jusqu'ici.

Il est malheureusement des gens qui ont la prétention de « juger » ce qu'ils ignorent, et qui, parce qu'ils donnent le nom de « métaphysique » à une connaissance purement humaine et rationnelle (ce qui n'est pour nous que science ou philosophie), s'imaginent que la métaphysique orientale n'est rien de plus ni d'autre que cela, d'où ils tirent logiquement la conclusion que cette métaphysique ne peut conduire réellement à tels ou tels résultats. Pourtant, elle y conduit effectivement, mais parce qu'elle est tout autre chose que ce qu'ils supposent ; tout ce qu'ils envisagent n'a véritablement rien de métaphysique, dès lors que ce n'est qu'une connaissance d'ordre naturel, un savoir profane et extérieur ; ce n'est nullement de cela que nous voulons parler. Faisons-nous donc « métaphysique » synonyme de « surnaturel » ? Nous accepterions très volontiers une telle assimilation, puisque, tant qu'on ne dépasse pas la nature, c'est-à-dire le monde manifesté dans toute son extension (et non pas le seul monde sensible qui n'en est qu'un élément infinitésimal), on est encore dans le domaine de la physique ; ce qui est métaphysique, c'est, comme nous l'avons déjà dit, ce qui est au-delà et au-dessus de la nature, c'est donc proprement le « surnaturel ».

Mais on fera sans doute ici une objection : est-il donc possible de dépasser ainsi la nature ? Nous n'hésiterons pas à répondre très nettement : non seulement cela est possible, mais cela est. Ce n'est là qu'une affirmation, dira-t-on encore ; quelles preuves peut-on en donner ? Il est vraiment étrange qu'on demande de prouver la possibilité d'une connaissance au lieu de chercher à s'en rendre compte par soi-même en faisant le travail nécessaire pour l'acquérir. Pour celui qui possède cette connaissance, quel intérêt et quelle valeur peuvent avoir toutes ces discussions ? Le fait de substituer la « théorie de la connaissance » à la connaissance elle-même est peut-être le plus bel aveu d'impuissance de la philosophie moderne.

Il y a d'ailleurs dans toute certitude quelque chose d'incommunicable ; nul ne peut atteindre réellement une connaissance quelconque autrement que par un effort strictement personnel, et tout ce qu'un autre peut faire, c'est de donner l'occasion et d'indiquer les moyens d'y parvenir. C'est pourquoi serait vain de prétendre, dans l'ordre purement intellectuel, imposer une conviction quelconque ; la meilleure argumentation ne saurait, à cet égard, tenir lieu de la connaissance directe et effective.

Maintenant, peut-on définir la métaphysique telle que nous l'entendons ? Non, car définir, c'est toujours limiter, et ce dont il s'agit est, en soi, véritablement et absolument illimité, donc ne saurait se laisser enfermer dans aucune formule ni dans aucun système. On peut caractériser la métaphysique d'une certaine façon, par exemple en disant qu'elle est la connaissance des principes universels ; mais ce n'est pas là une définition à proprement parler, et cela ne peut du reste en donner qu'une idée assez vague. Nous y ajouterons quelque chose si nous disons que ce domaine des principes s'étend beaucoup plus loin que ne l'ont pensé certains Occidentaux qui cependant on fait de la métaphysique, mais d'une manière partielle et incomplète. Ainsi, quand Aristote envisageait la métaphysique comme la connaissance de l'être en tant qu'être, il l'identifiait à l'ontologie, c'est-à-dire qu'il prenait la partie pour le tout. Pour la métaphysique orientale, l'être pur n'est pas le premier ni le plus universel des principes, car il est déjà une détermination ; il faut donc aller au-delà de l'être, et c'est même cela ce qui importe le plus. C'est pourquoi, en toute conception vraiment métaphysique, il faut toujours réserver la part de l'inexprimable ; et même tout ce qu'on peut exprimer n'est littéralement rien au regard de ce qui dépasse toute expression, comme le fini, quelle que soit sa grandeur, est nul vis-à-vis de l'Infini. On peut suggérer beaucoup plus qu'on n'exprime, et c'est là, en somme, le rôle que jouent ici les formes extérieures ; toutes ces formes, qu'il s'agisse de mots ou de symboles quelconques, ne constituent qu'un support, un point d'appui pour s'élever à des possibilités de conception qui les dépassent incomparablement : nous reviendrons là-dessus tout à l'heure.

Nous parlons de conceptions métaphysiques, faute d'avoir un autre terme à notre disposition pour nous faire comprendre ; mais qu'on n'aille pas croire pour cela qu'il y ait là rien d'assimilable à des conceptions scientifiques ou philosophiques ; il ne s'agit pas d'opérer des « abstractions » quelconques, mais de prendre une connaissance directe de la vérité telle qu'elle est. La science est la connaissance rationnelle discursive, toujours indirecte, une connaissance par reflet ; la métaphysique est la connaissance supra-rationnelle, intuitive et immédiate. Cette intuition intellectuelle pure, sans laquelle il n'y a pas de métaphysique vraie, ne doit d'ailleurs aucunement être assimilée à l'intuition dont parlent certains philosophes contemporains, car celle-ci est, au contraire, infra-rationnelle. Il y a une intuition intellectuelle et une intuition sensible ; l'une est au-delà de la raison, mais l'autre est en deçà ; cette dernière ne peut saisir que le monde du changement et du devenir, c'est-à-dire la nature, ou plutôt une infime partie de la nature. Le domaine de l'intuition intellectuelle, au contraire, c'est le domaine des principes éternels et immuables, c'est le domaine métaphysique.

L'intellect transcendant, pour saisir directement les principes universels, doit être lui-même d'ordre universel ; ce n'est plus une faculté individuelle, et le considérer comme tel serait contradictoire, car il ne peut être dans les possibilités de l'individu de dépasser ses propres limites, de sortir des conditions qui le définissent en tant qu'individu. La raison est une faculté proprement et spécifiquement humaine ; mais ce qui est au-delà de la raison est véritablement « non-humain » ; c'est ce qui rend possible la connaissance métaphysique, et celle-ci, il faut le redire encore, n'est pas une connaissance humaine. En d'autres termes, ce n'est pas en tant qu'homme que l'homme peut y parvenir ; mais c'est en tant que cet être, qui est humain dans un de ses états, est en même temps autre chose et plus qu'un être humain ; et c'est la prise de conscience effective des états supra-individuels qui est l'objet réel de la métaphysique, ou, mieux encore, qui est la connaissance métaphysique elle-même. Nous arrivons donc ici à un des points les plus essentiels, et il est nécessaire d'y insister : si l'individu était un être complet, s'il constituait un système clos à la façon de la monade de Leibnitz, il n'y aurait pas de métaphysique possible ; irrémédiablement enfermé en lui-même, cet être n'aurait aucun moyen de connaître ce qui n'est pas de l'ordre d'existence auquel il appartient. Mais il n'en est pas ainsi : l'individu ne représente en réalité qu'une manifestation transitoire et contingente de l'être véritable ; il n'est qu'un état spécial parmi une multitude indéfinie d'autres états du même être ; et cet être est, en soi, absolument indépendant de toutes ses manifestations, de même que, pour employer une comparaison qui revient à chaque instant dans les textes hindous, le soleil est absolument indépendant des multiples images dans lesquelles il se réfléchit. Telle est la distinction fondamentale du « Soi » et du « moi », de la personnalité et de l'individualité ; et, de même que les images sont reliées par les rayons lumineux à la source solaire sans laquelle elles n'auraient aucune existence et aucune réalité, de même l'individualité, qu'il s'agisse d'ailleurs de l'individualité humaine ou de tout autre état analogue de manifestation, est reliée à la personnalité, au centre principiel de l'être, par cet intellect transcendant dont il vient d'être question. Il n'est pas possible, dans les limites de cet exposé, de développer plus complètement ces considérations, ni de donner une idée plus précise de la théorie des états multiples de l'être ; mais je pense cependant en avoir dit assez pour en faire tout au moins pressentir l'importance capitale dans toute doctrine véritablement métaphysique.

Théorie, ai-je dit, mais ce n'est pas seulement de théorie qu'il s'agit, et c'est là encore un point qui demande à être expliqué. La connaissance théorique, qui n'est encore qu'indirecte et en quelque sorte symbolique, n'est qu'une préparation, d'ailleurs indispensable, de la véritable connaissance. Elle est du reste la seule qui soit communicable d'une certaine façon, et encore ne l'est-elle pas complètement ; c'est pourquoi toute exposition n'est qu'un moyen d'approcher de la connaissance, et cette connaissance, qui n'est tout d'abord que virtuelle, doit ensuite être réalisée effectivement. Nous trouvons ici une nouvelle différence avec cette métaphysique partielle à laquelle nous avons fait allusion précédemment, celle d'Aristote par exemple, déjà théoriquement incomplète en ce qu'elle se limite à l'être, et où, de plus, la théorie semble bien être présentée comme se suffisant à elle-même, au lieu d'être ordonnée expressément en vue d'une réalisation correspondante, ainsi qu'elle l'est toujours dans toutes les doctrines orientales. Pourtant, même dans cette métaphysique imparfaite, nous serions tentés de dire cette demi-métaphysique, on rencontre parfois des affirmations qui, si elles avaient été bien comprises, auraient dû conduire à de tout autres conséquences : ainsi, Aristote ne dit-il pas nettement qu'un être est tout ce qu'il connaît ? Cette affirmation de l'identification par la connaissance, c'est le principe même de la réalisation métaphysique ; mais ici ce principe reste isolé, il n'a que la valeur d'une déclaration toute théorique, on n'en tire aucun parti, et il semble que, après l'avoir posé, on n'y pense même plus : comment se fait-il qu'Aristote lui-même et ses continuateurs n'aient pas mieux vu tout ce qui y était impliqué ? Il est vrai qu'il en est de même en bien d'autres cas, et qu'ils paraissent oublier parfois des choses aussi essentielles que la distinction de l'intellect pur et de la raison, après les avoir cependant formulées non moins explicitement ; ce sont là d'étranges lacunes. Faut-il y voir l'effet de certaines limitations qui seraient inhérentes à l'esprit occidental, sauf des exceptions plus ou moins rares, mais toujours possibles ? Cela peut être vrai dans une certaine mesure, mais pourtant il ne fut pas croire que l'intellectualité occidentale ait été, en général, aussi étroitement limitée autrefois qu'elle l'est à l'époque moderne. Seulement, des doctrines comme celles-là ne sont après tout que des doctrines extérieures, bien supérieures à beaucoup d'autres, puisqu'elles renferment malgré tout une part de métaphysique vraie, mais toujours mélangée à des considérations d'un autre ordre, qui, elles, n'ont rien de métaphysique... Nous avons, pour notre part, la certitude qu'il y a eu autre chose que cela en Occident, dans l'antiquité et au moyen âge, qu'il y a eu, à l'usage d'une élite, des doctrines purement métaphysiques et que nous pouvons dire complètes, y compris cette réalisation qui, pour la plupart des modernes, est sans doute une chose à peine concevable ; si l'Occident en a aussi totalement perdu le souvenir, c'est qu'il a rompu avec ses propres traditions, et c'est pourquoi la civilisation moderne est une civilisation anormale et déviée.

Si la connaissance purement théorique était à elle-même sa propre fin, si la métaphysique devait en rester là, ce serait déjà quelque chose, assurément, mais ce serait tout à fait insuffisant. En dépit de la certitude véritable, plus forte encore qu'une certitude mathématique, qui est attachée déjà à une telle connaissance, ce ne serait en somme, dans un ordre incomparablement supérieur, que l'analogue de ce qu'est dans son ordre inférieur, terrestre et humain, la spéculation scientifique et philosophique. Ce n'est pas là ce que doit être la métaphysique ; que d'autres s'intéressent à un « jeu de l'esprit » ou à ce qui peut sembler tel, c'est leur affaire ; pour nous, les choses de ce genre nous sont plutôt indifférentes, et nous pensons que les curiosités du psychologue doivent être parfaitement étrangères au métaphysicien. Ce dont il s'agit pour celui-ci, c'est de connaître ce qui est, et de le connaître de telle façon qu'on est soi-même, réellement et effectivement, tout ce que l'on connaît.

Quant aux moyens de la réalisation métaphysique, nous savons bien quelle objection peuvent faire, en ce qui les concerne, ceux qui croit devoir contester la possibilité de cette réalisation. Ces moyens, en effet, doivent être à la portée de l'homme ; ils doivent, pour les premiers stades tout au moins, être adaptés aux conditions de l'état humain, puisque c'est dans cet état que se trouve actuellement l'être qui, partant de là, devra prendre possession des états supérieurs. C'est donc dans des formes appartenant à ce monde où se situé sa manifestation présente que l'être prendra un point d'appui pour s'élever au-dessus de ce monde même ; mots, signes symboliques, rites ou procèdes préparatoires quelconques, n'ont pas d'autre raison d'être ni d'autre fonction : comme nous l'avons déjà dit, ce sont là des supports et rien de plus. Mais, diront certains, comment se peut-il que ces moyens purement contingents produisent un effet qui les dépasse immensément, qui est d'un tout autre ordre que celui auquel ils appartiennent eux-mêmes ? Nous ferons d'abord remarquer que ce ne sont en réalité que des moyens accidentels, et que le résultat qu'ils aident à obtenir n'est nullement leur effet ; ils mettent l'être dans les dispositions voulues pour y parvenir plus aisément, et c'est tout. Si l'objection que nous envisageons était valable dans ce cas, elle vaudrait également pour les rites religieux, pour les sacrements, par exemple, où la disproportion n'est pas moindre entre le moyen et la fin ; certains de ceux qui la formulent n'y ont peut-être pas assez songé. Quant à nous, nous ne confondons pas un simple moyen avec une cause au vrai sens de ce mot, et nous ne regardons pas la réalisation métaphysique comme un effet de quoi que ce soit, parce qu'elle n'est pas la production de quelque chose qui n'existe pas encore, mais la prise de conscience de ce qui est, d'une façon permanente et immuable, en dehors de toute succession temporelle ou autre, car tous les états de l'être, envisagés dans leur principe, sont en parfaite simultanéité dans l'éternel présent.

Nous ne voyons donc aucune difficulté à reconnaître qu'il n'y a pas de commune mesure entre la réalisation métaphysique et les moyens qui y conduisent ou, si l'on préfère, qui la préparent. C'est, d'ailleurs pourquoi nul de ces moyens n'est strictement nécessaire, d'une nécessité absolue ; ou du moins il n'est qu'une seule préparation vraiment indispensable, et c'est la connaissance théorique. Celle-ci, d'autre part, ne saurait aller bien loin sans un moyen que nous devons ainsi considérer comme celui qui jouera le rôle le plus important et le plus constant : ce moyen, c'est la concentration ; et c'est là quelque chose d'absolument étranger, de contraire même aux habitudes mentales de l'Occident moderne, où tout ne tend qu'à la dispersion et au changement incessant. Tous les autres moyens ne sont que secondaires par rapport à celui-là : ils servent surtout à favoriser la concentration, et aussi à harmoniser entre eux les divers éléments de l'individualité humaine, afin de préparer la communication effective entre cette individualité et les états supérieurs de l'être. Ces moyens pourront d'ailleurs, au point de départ, être variés presque indéfiniment, car, pour chaque individu, ils devront être appropriés à sa nature spéciale, conformes à ses aptitudes et à ses dispositions particulières. Ensuite, les différences iront en diminuant, car il s'agit de voies multiples qui tendent toutes vers un même but ; et à partir d'un certain stade, toute multiplicité aura disparu ; mais alors les moyens contingents et individuels auront achevé de remplir leur rôle. Ce rôle, pour montrer qu'il n'est nullement nécessaire, certains textes hindous le comparent à celui d'un cheval à l'aide duquel un homme parviendra plus vite et plus facilement au terme de son voyage, mais sans lequel il pourrait aussi y parvenir. Les rites, les procédés divers indiqués en vue de la réalisation métaphysique, on pourrait les négliger et néanmoins, par la seule fixation constante de l'esprit et de toutes les puissances de l'être sur le but de cette réalisation, atteindre finalement ce but suprême ; mais, s'il est des moyens qui rendent l'effort moins pénible, pourquoi les négliger volontairement ? Est-ce confondre le contingent et l'absolu que de tenir compte des conditions de l'état humain, puisque c'est de cet état, contingent lui-même, que nous sommes actuellement obligés de partir pour la conquête des états supérieurs, puis de l'état suprême et inconditionné ?

Indiquons maintenant, d'après les enseignements qui sont communs à toutes les doctrines traditionnelles de l'Orient, les principales étapes de la réalisation métaphysique. La première, qui n'est que préliminaire en quelque sorte, s'opère dans le domaine humain et ne s'étend pas encore au-delà des limites de l'individualité. Elle consiste dans une extension indéfinie de cette individualité, dont la modalité corporelle, la seule qui soit développée chez l'homme ordinaire, ne représente qu'une portion très minime ; c'est de cette modalité corporelle qu'il faut partir en fait, d'où l'usage, pour commencer, de moyens empruntés à l'ordre sensible, mais qui devront d'ailleurs avoir une répercussion dans les autres modalités de l'être humain. La phase dont nous parlons est en somme la réalisation ou le développement de toutes les possibilités qui sont virtuellement contenues dans l'individualité humaine, qui en constituent comme des prolongements multiples s'étendant en divers sens au-delà du domaine corporel et sensible ; et c'est par ces prolongements que pourra ensuite s'établir la communication avec les autres états.

Cette réalisation de l'individualité intégrale est désignée par toutes les traditions comme la restauration de ce qu'elles appellent l'« état primordial », état qui est regardé comme celui de l'homme véritable, et qui échappe déjà à certaines des limitations caractéristiques de l'état ordinaire, notamment à celle qui est due à la condition temporelle. L'être qui a atteint cet « état primordial » n'est encore qu'un individu humain, il n'est en possession effective d'aucun état supra-individuel ; et pourtant il est dès lors affranchi du temps, la succession apparente des choses s'est transmuée pour lui en simultanéité ; il possède consciemment une faculté qui est inconnue à l'homme ordinaire et que l'on peut appeler le « sens de l'éternité ». Ceci est d'une extrême importance, car celui qui ne peut sortir du point de vue de la succession temporelle et envisager toutes choses en mode simultané est incapable de la moindre conception de l'ordre métaphysique. La première chose à faire pour qui veut parvenir véritablement à la connaissance métaphysique, c'est de se placer hors du temps, nous dirions volontiers dans le « non-temps » si une telle expression ne devait pas paraître trop singulière et inusitée. Cette conscience de l'intemporel peut d'ailleurs être atteinte d'une certaine façon, sans doute très incomplète, mais déjà réelle pourtant, bien avant que soit obtenu dans sa plénitude cet « état primordial » dont nous venons de parler.

On demandera peut-être : pourquoi cette dénomination d'« état primordial » ? C'est que toutes les traditions, y compris celle de l'Occident (car la Bible elle-même ne dit pas autre chose), sont d'accord pour enseigner que cet état est celui qui était normal aux origines de l'humanité, tandis que l'état présent n'est que le résultat d'une déchéance, l'effet d'une sorte de matérialisation progressive qui s'est produite au cours des âges, pendant la durée d'un certain cycle. Nous ne croyons pas à l'« évolution », au sens que les modernes donnent à ce mot ; les hypothèses soi-disant scientifiques qu'ils ont imaginées ne correspondent nullement à la réalité. Il n'est d'ailleurs pas possible de faire ici plus qu'une simple allusion à la théorie des cycles cosmiques, qui est particulièrement développée dans les doctrines hindoues ; ce serait sortir de notre sujet, car la cosmologie n'est pas la métaphysique, bien qu'elle en dépende assez étroitement ; elle n'en est qu'une application à l'ordre physique, et les vraies lois naturelles ne sont que des conséquences, dans un domaine relatif et contingent, des principes universels et nécessaires.

Revenons à la réalisation métaphysique : sa seconde phase se rapporte aux états supra-individuels, mais encore conditionnés, bien que leurs conditions soient tout autres que celles de l'état humain. Ici, le monde de l'homme, où nous étions encore au stade procèdent, est entièrement et définitivement dépassé. Il faut dire plus : ce qui est dépassé, c'est le monde des formes dans son acception la plus générale, comprenant tous les états individuels quels qu'ils soient, car la forme est la condition commune à tous ces états, celle par laquelle se définit l'individualité comme telle. L'être, qui ne peut plus être dit humain, est désormais sorti du « courant des formes », suivant l'expression extrême-orientale. Il y aurait d'ailleurs encore d'autres distinctions à faire, car cette phase peut se subdiviser ; elle comporte en réalité plusieurs étapes, depuis l'obtention d'états qui, bien qu'informels, appartiennent encore à l'existence manifestée, jusqu'au degré d'universalité qui est celui de l'être pur.

Pourtant, si élevés que soient ces états par rapport à l'état humain, si éloignés qu'ils soient de celui-ci, ils ne sont encore que relatifs, et cela est vrai même du plus haut d'entre eux, celui qui correspond au principe de toute manifestation. Leur possession n'est donc qu'un résultat transitoire, qui ne doit pas être confondu avec le but dernier de la réalisation métaphysique ; c'est au-delà de l'être que réside ce but, par rapport auquel tout le reste n'est qu'acheminement et préparation. Ce but suprême, c'est l'état absolument inconditionné, affranchi de toute limitation ; pour cette raison même, il est entièrement inexprimable, et tout ce qu'on en peut dire ne se traduit que par des termes de forme négative : négation des limites qui déterminent et définissent toute existence dans sa relativité. L'obtention de cet état, c'est ce que la doctrine hindoue appelle la « Délivrance », quand elle là considère par rapport aux états conditionnés, et aussi l'« Union », quand elle l'envisage par rapport au Principe suprême.

Dans cet état inconditionné, tous les autres états de l'être se retrouvent d'ailleurs en principe, mais transformés, dégagés des conditions spéciales qui les déterminaient en tant qu'états particuliers. Ce qui subsiste, c'est tout ce qui a une réalité positive, puisque c'est là que tout a son principe ; l'être « délivré » est vraiment en possession de la plénitude de ses possibilités. Ce qui a disparu, ce sont seulement les conditions limitatives, dont la réalité est toute négative, puisqu'elles ne représentent qu'une « privation » au sens où Aristote entendait ce mot. Aussi, bien loin d'être une sorte d'anéantissement comme le croient quelques Occidentaux, cet état final est au contraire l'absolue plénitude, la réalité suprême vis-à-vis de laquelle tout le reste n'est qu'illusion.

Ajoutons encore que tout résultat, même partiel, obtenu par l'être au cours de la réalisation métaphysique l'est d'une façon définitive. Ce résultat constitue pour cet être une acquisition permanente, que rien ne peut jamais lui faire perdre ; le travail accompli dans cet ordre, même s'il vient à être interrompu avant le terme final, est fait une fois pour toutes, par la même qu'il est hors du temps. Cela est vrai même de la simple connaissance théorique, car toute connaissance porte son fruit en elle-même, bien différente en cela de l'action, qui n'est qu'une modification momentanée de l'être et qui est toujours séparée de ses effets. Ceux-ci, du reste, sont du même domaine et du même ordre d'existence que ce qui les a produits ; l'action ne peut avoir pour effet de libérer de l'action, et ses conséquences ne s'étendent pas au-delà des limites de l'individualité, envisagée d'ailleurs dans l'intégralité de l'extension dont elle est susceptible. L'action, quelle qu'elle soit, n'étant pas opposée à l'ignorance qui est la racine de toute limitation, ne saurait la faire évanouir seule la connaissance dissipe l'ignorance comme la lumière du soleil dissipe les ténèbres, et c'est alors que le « Soi », l'immuable et éternel principe de tous les états manifestés et non-manifestes, apparaît dans sa suprême réalité.

Après cette esquisse très imparfaite et qui ne donne assurément qu'une bien faible idée de ce que peut être la réalisation métaphysique, il faut faire une remarque qui est tout à fait essentielle pour éviter de graves erreurs d'interprétation : c'est que tout ce dont il s'agit ici n'a aucun rapport avec des phénomènes quelconques, plus ou moins extraordinaires. Tout ce qui est phénomène est d'ordre physique ; la métaphysique est au-delà des phénomènes ; et nous prenons ce mot dans sa plus grande généralité. Il résulte de là, entre autres conséquences, que les états dont il vient d'être parlé n'ont absolument rien de « psychologique » ; il faut le dire nettement parce qu'il s'est parfois produit à cet égard de singulières confusions. La psychologie, par définition même, ne saurait avoir de prise que sur des états humains, et encore telle qu'on l'entend aujourd'hui, elle n'atteint qu'une zone fort restreinte dans les possibilités de l'individu, qui s'étendent bien plus loin que les spécialistes de cette science ne peuvent le supposer. L'individu humain, en effet, est à la fois beaucoup plus et beaucoup moins qu'on ne le pense d'ordinaire en Occident : il est beaucoup plus, en raison de ses possibilités d'extension indéfinie au-delà de la modalité corporelle, à laquelle se rapporte en somme tout ce qu'on en étudie communément ; mais il est aussi beaucoup moins, puisque, bien loin de constituer un être complet et se suffisant à lui-même, il n'est qu'une manifestation extérieure, une apparence fugitive revêtue par l'être véritable et dont l'essence de celui-ci n'est nullement affectée dans son immutabilité.

Il faut insister sur ce point, que le domaine métaphysique est entièrement en dehors du monde phénoménal, car les modernes, habituellement, ne connaissent et ne recherchent guère que les phénomènes ; c'est à ceux-ci qu'ils s'intéressent presque exclusivement, comme en témoigne d'ailleurs le développement qu'ils ont donné aux sciences expérimentales ; et leur inaptitude métaphysique procède de la même tendance. Sans doute, il peut arriver que certains phénomènes spéciaux se produisent dans le travail de réalisation métaphysique, mais d'une façon tout accidentelle : c'est là un résultat plutôt fâcheux, car les choses de ce genre ne peuvent être qu'un obstacle pour celui qui serait tenté d'y attacher quelque importance. Celui qui se laisse arrêter et détourner de sa voie par les phénomènes, celui surtout qui se laisse aller à rechercher des « pouvoirs » exceptionnels, a bien peu de chances de pousser la réalisation plus loin que le degré auquel il est déjà arrivé lorsque survient cette déviation.

Cette remarque amène naturellement à rectifier quelques interprétations erronées qui ont cours au sujet du terme de « Yoga » ; n'a-t-on pas prétendu parfois, en effet, que ce que les Hindous désignent par ce mot est le développement de certains pouvoirs latents de l'être humain ? Ce que nous venons de dire suffit pour montrer qu'une telle définition doit être rejetée. En réalité, ce mot « Yoga » est celui que nous avons traduit aussi littéralement que possible par « Union » ; ce qu'il désigne proprement, c'est donc le but suprême de la réalisation métaphysique ; et le « Yogi » si l'on veut l'entendre au sens le plus strict, est uniquement celui qui a atteint ce but. Toutefois, il est vrai que, par extension, ces mêmes termes sont, dans certains cas appliqués aussi à des stades préparatoires à l'« Union » ou même à de simples moyens préliminaires, et à l'être qui est parvenu aux états correspondants à ces stades ou qui emploi ces moyens pour y parvenir. Mais comment pourrait-on soutenir qu'un mot dont le sens premier est « Union » désigne proprement et primitivement des exercices respiratoires ou quelque autre chose de ce genre ? Ces exercices et d'autres, basées généralement sur ce que nous pouvons appeler la science du rythme, figurent effectivement parmi les moyens les plus usités en vue de la réalisation métaphysique ; mais qu'on ne prenne pas pour la fin ce qui n'est qu'un moyen contingent et accidentel et que qu'on ne prenne pas non plus pour la signification originelle d'un mot ce qui n'en est qu'une acception secondaire et plus ou moins détournée.

En parlant de ce qu'est primitivement le « Yoga », et en disant que ce mot a toujours désigné essentiellement la même chose, on peut songer à poser une question dont nous n'avons rien dit jusqu'ici : ces doctrines métaphysiques traditionnelles auxquelles nous empruntons toutes les données que nous exposons, quelle en est l'origine ? La réponse est très simple, encore qu'elle risque de soulever les protestations de ceux qui voudraient tout envisager au point de vue historique : c'est qu'il n'y a pas d'origine ; nous voulons dire par là qu'il n'y a pas d'origine humaine, susceptible d'être déterminée dans le temps. En d'autres termes, l'origine de la tradition, si tant est que ce mot d'origine ait encore une raison d'être en pareil cas, est « non-humaine » comme la métaphysique elle-même. Les doctrines de cet ordre n'ont pas apparu à un moment quelconque de l'histoire de l'humanité : l'allusion que nous avons faite à l'« état primordial », et aussi, d'autre part, ce que nous avons dit du caractère intemporel de tout ce qui est métaphysique, devraient permettre de le comprendre sans trop de difficulté à la condition qu'on se résigne à admettre, contrairement à certains préjugés, qu'il y a des choses auxquelles le point de vue historique n'est nullement applicable. La vérité métaphysique est éternelle ; par là même, il y a toujours eu des êtres qui ont pu la connaître réellement et totalement Ce qui peut changer, ce ne sont que des formes extérieures des moyens contingents ; et ce changement même n'a rien de ce que les modernes appellent « évolution », il n'est qu'une simple adaptation à telles ou telles circonstances particulières aux conditions spéciales d'une race ou d'une époque déterminée. De là résulte la multiplicité des formes, mais le fond de la doctrine n'en est aucunement modifié ou affecté, pas plus que l'unité et l'identité essentielles de l'être ne sont altérées par la multiplicité de ses états de manifestation.

La connaissance métaphysique, et la réalisation qu'elle implique pour être vraiment tout ce qu'elle doit être sont donc possibles partout et toujours, en principe tout au moins, et si cette possibilité est envisagée d'une façon absolue en quelque sorte ; mais en fait, pratiquement si l'on peut dire, et en un sens relatif, sont-elles également possibles dans n'importe quel milieu et sans tenir le moindre compte des contingences ? Là-dessus, nous serons beaucoup moins affirmatif, du moins en ce qui concerne la réalisation ; et cela s'explique par le fait que celle-ci, à son commencement, doit prendre son point d'appui dans l'ordre des contingences. Il peut y avoir des conditions particulièrement défavorables, comme celles qu'offre le monde occidental moderne, si défavorables qu'un tel travail y est à peu près impossible, et qu'il pourrait même être dangereux de l'entreprendre, en l'absence de tout appui fourni par le milieu, et dans une ambiance qui ne peut que contrarier et même annihiler les efforts de celui qui s'y livrerait. Par contre, les civilisations que nous appelons traditionnelles sont organisées de telle façon qu'on peut y rencontrer une aide efficace, qui sans doute n'est pas rigoureusement indispensable, pas plus que tout ce qui est extérieur, mais sans laquelle il est cependant bien difficile d'obtenir des résultats effectifs. Il y a là quelque chose qui dépasse les forces d'un individu humain isolé, même si cet individu possède par ailleurs les qualifications requises ; aussi ne voudrions-nous encourager personne, dans les conditions présentes, à s'engager inconsidérément dans une telle entreprise ; et ceci va nous conduire directement à notre conclusion.

Pour nous, la grande différence entre l'Orient et l'Occident (et il s'agit ici exclusivement de l'Occident moderne), la seule différence même qui soit vraiment essentielle, car toutes les autres en sont dérivées, c'est celle-ci : d'une part, conservation de la tradition avec tout ce qu'elle implique ; de l'autre, oubli et perte de cette même tradition ; d'un côté, maintien de la connaissance métaphysique ; de l'autre, ignorance complète de tout ce qui se rapporte à ce domaine. Entre des civilisations qui ouvrent à leur élite les possibilités que nous avons essayé de faire entrevoir, qui lui donnent les moyens tes plus appropriés pour réaliser effectivement ces possibilités, et qui, à quelques-uns tout au moins, permettent ainsi de les réaliser dans leur plénitude, entre ces civilisations traditionnelles et une civilisation qui s'est développée dans un sens purement matériel, comment pourrait-on trouver une commune mesure ? Et qui donc, à moins d'être aveuglé par je ne sais quel parti pris, osera prétendre que la supériorité matérielle compense l'infériorité intellectuelle ? Intellectuelle, disons-nous, mais en entendant par-là la véritable intellectualité, celle qui ne se limite pas à l'ordre humain ni à l'ordre naturel, celle qui rend possible la connaissance métaphysique pure dans son absolue transcendance. Il me semble qu'il suffit de réfléchir un instant à ces questions pour n'avoir aucun doute ni aucune hésitation sur la réponse qu'il convient d'y apporter.

La supériorité matérielle de l'Occident moderne n'est pas contestable ; personne ne la lui conteste non plus, mais personne ne la lui envie. Il faut aller plus loin : ce développement matériel excessif, l'Occident risque d'en périr tôt ou tard s'il ne se ressaisit à temps, et s'il n'en vient à envisager sérieusement le « retour aux origines », suivant une expression qui est en usage dans certaines écoles d'ésotérisme islamique. De divers côtés, on parle beaucoup aujourd'hui de « défense de l'Occident » ; mais, malheureusement, on ne semble pas comprendre que c'est contre lui-même surtout que l'Occident a besoin d'être défendu, que c'est de ses propres tendances actuelles que viennent les principaux et les plus redoutables de tous les dangers qui le menacent réellement. Il serait bon de méditer là-dessus un peu profondément, et l'on ne saurait trop y inviter tous ceux qui sont encore capables de réfléchir. Aussi est-ce par-là que je terminerai mon exposé, heureux si j'ai pu faire, sinon comprendre pleinement, du moins pressentir quelque chose de cette intellectualité orientale dont l'équivalent ne se trouve plus en Occident, et donner un aperçu, si imparfait soit-il, de ce qu'est la métaphysique vraie, la connaissance par excellence, qui est, comme le disent les textes sacrés de l'Inde, seule entièrement véritable, absolue, infinie et suprême.

SAINT BERNARD

René Guénon

Parmi les grandes figures du moyen âge, il en est peu dont l'étude soit plus propre que celle de saint Bernard à dissiper certains préjugés chers à l'esprit moderne. Qu'y a-t-il, en effet, de plus déconcertant pour celui-ci que de voir un pur contemplatif, qui a toujours voulu être et demeurer tel, appelé à jouer un rôle prépondérant dans la conduite des affaires de l'Église et de l'État, et réussissant souvent là où avait échoué toute la prudence des politiques et des diplomates de profession ? Quoi de plus surprenant et même de plus paradoxal, suivant la façon ordinaire de juger les choses, qu'un mystique qui n'éprouve que du dédain pour ce qu'il appelle « les arguties de Platon et les finesses d'Aristote », et qui triomphe cependant sans peine des plus subtils dialecticiens de son temps ? Toute la vie de saint Bernard pourrait sembler destinée à montrer, par un exemple éclatant, qu'il existe, pour résoudre les problèmes de l'ordre intellectuel et même de l'ordre pratique, des moyens tout autres que ceux qu'on s'est habitué depuis trop longtemps à considérer comme seuls efficaces, sans doute parce qu'ils sont seuls à la portée d'une sagesse purement humaine, qui n'est pas même l'ombre de la vraie sagesse. Cette vie apparaît ainsi en quelque sorte comme une réfutation anticipée de ces erreurs, opposées en apparence, mais en réalité solidaires, que sont le rationalisme et le pragmatisme ; et, en même temps, elle confond et renverse, pour qui l'examine impartialement, toutes les idées préconçues des historiens « scientistes » qui estiment avec Renan que « la négation du surnaturel forme l'essence même de la critique », ce que nous admettons d'ailleurs bien volontiers, mais parce que nous voyons dans cette incompatibilité tout le contraire de ce qu'ils y voient, la condamnation de la « critique » elle-même, et non point celle du surnaturel. En vérité, quelles leçons pourraient, à notre époque, être plus profitables que celles-là ?

∴

Saint Bernard

Bernard naquit en 1090 à Fontaine-Lès-Dijon ; ses parents appartenaient à la haute noblesse de la Bourgogne, et, si nous notons ce fait, c'est qu'il nous paraît que quelques traits de sa vie et de sa doctrine, dont nous aurons à parler dans la suite, peuvent jusqu'à un certain point être rattachés à cette origine. Nous ne voulons pas seulement dire qu'il est possible d'expliquer par-là l'ardeur parfois belliqueuse de son zèle ou la violence qu'il apporta à maintes reprises dans les polémiques où il fut entraîné, et qui était d'ailleurs toute de surface, car la bonté et la douceur faisaient incontestablement le fond de son caractère. Ce à quoi nous entendons surtout faire allusion, ce sont ses rapports avec les institutions et l'idéal chevaleresques, auxquels, du reste, il faut toujours accorder une grande importance si l'on veut comprendre les événements et l'esprit même du moyen âge.

C'est vers sa vingtième année que Bernard conçut le projet de se retirer du monde ; et il réussit en peu de temps à faire partager ses vues à tous ses frères, à quelques-uns de ses proches et à un certain nombre de ses amis. Dans ce premier apostolat, sa force de persuasion était telle, en dépit de sa jeunesse, que bientôt « il devint, dit son biographe, la terreur des mères et des épouses ; les amis redoutaient de le voir aborder leurs amis ». Il y a déjà là quelque chose d'extraordinaire, et il serait assurément insuffisant d'invoquer la puissance du « génie », au sens profane de ce mot, pour expliquer une semblable influence. Ne vaut-il pas mieux y reconnaître l'action de la grâce divine qui, pénétrant en quelque sorte toute la personne de l'apôtre et rayonnant au-dehors par sa surabondance, se communiquait à travers lui comme par un canal, suivant la comparaison que lui-même emploiera plus tard en l'appliquant à la Sainte Vierge, et que l'on peut aussi, en en restreignant plus ou moins la portée, appliquer à tous les saints ?

C'est donc accompagné d'une trentaine de jeunes gens que Bernard, en 1112, entra au monastère de Cîteaux, qu'il avait choisi en raison de la rigueur avec laquelle y était observée la règle, rigueur contrastant avec le relâchement qui s'était introduit dans toutes les autres branches de l'Ordre bénédictin. Trois ans plus tard, ses supérieurs n'hésitaient pas à lui confier, malgré son inexpérience et sa santé chancelante, la conduite de douze religieux qui allaient fonder une nouvelle abbaye, celle de Clairvaux, qu'il devait gouverner jusqu'à sa mort, repoussant toujours les honneurs et les dignités qui s'offriraient si souvent à lui au cours de sa carrière. Le renom de Clairvaux ne tarda pas à s'étendre au loin, et le développement que cette abbaye acquit bientôt fut vraiment prodigieux : quand mourut son fondateur, elle abritait, dit-on, environ sept cents moines, et elle avait donné naissance à plus de soixante nouveaux monastères.

Le soin que Bernard apporta à l'administration de Clairvaux, réglant lui-même jusqu'aux plus minutieux détails de la vie courante, la part qu'il prit à la direction de l'Ordre cistercien, comme chef d'une de ses premières abbayes, l'habileté et le succès de ses interventions pour aplanir les difficultés qui surgissaient fréquemment avec des Ordres rivaux, tout cela eût déjà suffi à prouver que ce qu'on appelle le sens pratique peut fort bien s'allier parfois à la plus haute spiritualité. Il y avait là plus qu'il n'en eût fallu pour absorber toute l'activité d'un homme ordinaire ; et pourtant Bernard allait bientôt voir s'ouvrir devant lui un tout autre champ d'action, bien malgré lui d'ailleurs, car il ne redouta jamais rien tant que d'être obligé de sortir de son cloître pour se mêler aux affaires du monde extérieur, dont il avait cru pouvoir s'isoler à tout jamais pour se livrer entièrement à l'ascèse et à la contemplation, sans que rien vînt le distraire de ce qui était à ses yeux, selon la parole évangélique, « la seule chose nécessaire ». En cela, il s'était grandement trompé ; mais toutes les « distractions », au sens étymologique, auxquelles il ne put se soustraire et dont il lui arriva de se plaindre avec quelque amertume, ne l'empêchèrent point d'atteindre aux sommets de la vie mystique. Cela est fort remarquable ; ce qui ne l'est pas moins, c'est que, malgré toute son humilité et tous les efforts qu'il fit pour demeurer dans l'ombre, on fit appel à sa collaboration dans toutes les affaires importantes, et que, bien qu'il ne fût rien au regard du monde, tous, y compris les plus hauts dignitaires civils et ecclésiastiques, s'inclinèrent toujours spontanément devant son autorité toute spirituelle, et nous ne savons si cela est plus à la louange du saint ou à celle de l'époque où il vécut. Quel contraste entre notre temps et celui où un simple moine pouvait, par le seul rayonnement de ses vertus éminentes, devenir en quelque sorte le centre de l'Europe et de la Chrétienté, l'arbitre incontesté de tous les conflits où l'intérêt public était en jeu, tant dans l'ordre politique que dans l'ordre religieux, le juge des maîtres les plus réputés de la philosophie et de la théologie, le restaurateur de l'unité de l'Église, le médiateur entre la Papauté et l'Empire, et voir enfin des armées de plusieurs centaines de mille hommes se lever à sa prédication !

⁂

Bernard avait commencé de bonne heure à dénoncer le luxe dans lequel vivaient alors la plupart des membres du clergé séculier et même les moines de certaines abbayes ; ses remontrances avaient provoqué des conversions retentissantes, parmi lesquelles celle de Suger, l'illustre abbé de Saint-Denis, qui, sans porter encore le titre de premier ministre du roi de France, en remplissait déjà les fonctions. C'est cette conversion qui fit connaître à la cour le nom de l'abbé de Clairvaux, qu'on y considéra, semble-t-il, avec un respect mêlé de crainte, parce qu'on voyait en lui l'adversaire irréductible de tous les abus et de toutes les injustices ; et bientôt, en effet, on le vit intervenir dans les conflits qui avaient éclaté entre Louis le Gros et divers évêques, et protester hautement contre les empiètements du pouvoir civil sur les droits de l'Église. À vrai dire, il ne s'agissait encore là que d'affaires purement locales, intéressant seulement tel monastère ou tel diocèse ; mais, en 1130, il survint des événements d'une tout autre gravité, qui mirent en péril l'Église tout entière, divisée par le schisme de l'antipape Anaclet II, et c'est à cette occasion que le renom de Bernard devait se répandre dans toute la Chrétienté.

Nous n'avons pas à retracer ici l'histoire du schisme dans tous ses détails : les cardinaux, partagés en deux factions rivales, avaient élu successivement Innocent II et Anaclet II ; le premier, contraint de s'enfuir de Rome, ne désespéra pas de son droit et en appela à l'Église universelle. C'est la France qui répondit la première ; au concile convoqué par le roi à Étampes, Bernard parut, dit son biographe, « comme un véritable envoyé de Dieu » au milieu des évêques et des seigneurs réunis ; tous suivirent son avis sur la question soumise à leur examen et reconnurent la validité de l'élection d'Innocent II. Celui-ci se trouvait alors sur le sol français, et c'est à l'abbaye de Cluny que Suger vint lui annoncer la décision du concile ; il parcourut les principaux diocèses et fut partout accueilli avec enthousiasme ; ce mouvement allait entraîner l'adhésion de presque toute la Chrétienté. L'abbé de Clairvaux se rendit auprès du roi d'Angleterre et triompha promptement de ses hésitations ; peut-être eut- il aussi une part, au moins indirecte, dans la reconnaissance d'Innocent II par le roi Lothaire et le clergé allemand. Il alla ensuite en Aquitaine pour combattre l'influence de l'évêque Gérard d'Angoulême, partisan d'Anaclet II ; mais c'est seulement au cours d'un second voyage dans cette région, en 1135, qu'il devait réussir à y détruire le schisme en opérant la conversion du comte de Poitiers. Dans l'intervalle, il avait dû se rendre en Italie, appelé par Innocent II qui y était retourné avec l'appui de Lothaire, mais qui était arrêté par des difficultés imprévues, dues à l'hostilité de Pise et de Gênes ; il fallait trouver un accommodement entre les deux cités rivales et le leur faire accepter ; c'est Bernard qui fut chargé de cette mission difficile, et il s'en acquitta avec le plus merveilleux succès. Innocent put enfin rentrer dans Rome, mais Anaclet demeura retranché dans Saint-Pierre dont il fut impossible de s'emparer ; Lothaire, couronné empereur à Saint-Jean de Latran, se retira bientôt avec son armée ; après son départ, l'antipape reprit l'offensive, et le pontife légitime dut s'enfuir de nouveau et se réfugier à Pise.

L'abbé de Clairvaux, qui était rentré dans son cloître, apprit ces nouvelles avec consternation ; peu après lui parvint le bruit de l'activité déployée par Roger, roi de Sicile, pour gagner toute l'Italie à la cause d'Anaclet, en même temps que pour y assurer sa propre suprématie. Bernard écrivit aussitôt aux habitants de Pise et de Gênes pour les encourager à demeurer fidèles à Innocent ; mais cette fidélité ne constituait qu'un bien faible appui, et, pour reconquérir Rome, c'était de l'Allemagne seule qu'on pouvait espérer un secours efficace. Malheureusement, l'Empire était toujours en proie à la division, et Lothaire ne pouvait retourner en Italie avant d'avoir assuré la paix dans son propre pays. Bernard partit pour l'Allemagne et travailla à la réconciliation des Hohenstaufen avec l'empereur ; là encore, ses efforts furent couronnés de succès ; il en vit consacrer l'heureuse issue à la diète de Bamberg, qu'il quitta ensuite pour se rendre au concile qu'Innocent II avait convoqué à Pise. À cette occasion, il eut à adresser des remontrances à Louis le Gros, qui s'était opposé au départ des évêques de son royaume ; la défense fut levée, et les principaux membres du clergé français purent répondre à l'appel du chef de l'Église. Bernard fut l'âme du concile ; dans l'intervalle des séances, raconte un historien du temps, sa porte était assiégée par ceux qui avaient quelque affaire grave à traiter, comme si cet humble moine eût eu le pouvoir de trancher à son gré toutes les questions ecclésiastiques. Délégué ensuite à Milan pour ramener cette ville à Innocent II et à Lothaire, il s'y vit acclamer par le clergé et les fidèles qui, dans une manifestation spontanée d'enthousiasme, voulurent faire de lui leur archevêque, et il eut la plus grande peine à se soustraire à cet honneur. Il n'aspirait qu'à retourner à son monastère ; il y rentra en effet, mais ce ne fut pas pour longtemps.

Dès le début de l'année 1136, Bernard dut abandonner encore une fois sa solitude pour venir, conformément au désir du pape, rejoindre en Italie l'armée allemande, commandée par le duc Henri de Bavière, gendre de l'empereur. La mésintelligence avait éclaté entre celui-ci et Innocent II ; Henri, peu soucieux des droits de l'Église, affectait en toutes circonstances de ne s'occuper que des intérêts de l'État. Aussi l'abbé de Clairvaux eut-il fort à faire pour rétablir la concorde entre les deux pouvoirs et concilier leurs prétentions rivales, notamment dans certaines questions d'investitures, où il paraît avoir joué constamment un rôle de modérateur. Cependant, Lothaire, qui avait pris lui-même le commandement de l'armée, soumit toute l'Italie méridionale ; mais il eut le tort de repousser les propositions de paix du roi de Sicile, qui ne tarda pas à prendre sa revanche, mettant tout à feu et à sang. Bernard n'hésita pas alors à se présenter au camp de Roger, qui accueillit fort mal ses paroles de paix, et à qui il prédit une défaite qui se produisit en effet ; puis, s'attachant à ses pas, il le rejoignit à Salerne et s'efforça de le détourner du schisme dans lequel l'ambition l'avait jeté. Roger consentit à entendre contradictoirement les partisans d'Innocent et d'Anaclet, mais, tout en paraissant conduire l'enquête avec impartialité, il ne chercha qu'à gagner du temps et refusa de prendre une décision ; du moins ce débat eut-il pour heureux résultat d'amener la conversion d'un des principaux auteurs du schisme, le cardinal Pierre de Pise, que Bernard ramena avec lui auprès d'Innocent II. Cette conversion portait un coup terrible à la cause de l'antipape ; Bernard sut en profiter, et à Rome même, par sa parole ardente et convaincue, il parvint en quelques jours à détacher du parti d'Anaclet la plupart des dissidents. Cela se passait en 1137, vers l'époque des fêtes de Noël ; un mois plus tard, Anaclet mourait subitement. Quelques-uns des cardinaux les plus engagés dans le schisme élurent un nouvel antipape sous le nom de Victor IV ; mais leur résistance ne pouvait durer longtemps, et, le jour de l'octave de la Pentecôte, tous firent leur soumission ; dès la semaine suivante, l'abbé de Clairvaux reprenait le chemin de son monastère.

Ce résumé très rapide suffit pour donner une idée de ce qu'on pourrait appeler l'activité politique de saint Bernard, qui d'ailleurs ne s'arrêta pas là : de 1140 à 1144, il eut à protester contre l'immixtion abusive du roi Louis le Jeune dans des élections épiscopales, puis à intervenir dans un grave conflit entre ce même roi et le comte Thibaut de Champagne ; mais il serait fastidieux de s'étendre sur ces divers événements. En somme, on peut dire que la conduite de Bernard fut toujours déterminée par les mêmes intentions : défendre le droit, combattre l'injustice, et, peut-être par-dessus tout, maintenir l'unité dans le monde chrétien. C'est cette préoccupation constante de l'unité qui l'anime dans sa lutte contre le schisme ; c'est elle encore qui lui fait entreprendre, en 1145, un voyage dans le Languedoc pour ramener à l'Église les hérétiques néo-manichéens qui commençaient à se répandre dans cette contrée. Il semble qu'il ait eu sans cesse présente à la pensée cette parole de l'Évangile : « Qu'ils soient tous un, comme mon Père et moi nous sommes un ».

∴

Cependant, l'abbé de Clairvaux n'avait pas seulement à lutter dans le domaine politique, mais aussi dans le domaine intellectuel, où ses triomphes ne furent pas moins éclatants, puisqu'ils furent marqués par la condamnation de deux adversaires éminents, Abélard et Gilbert de la Porrée. Le premier s'était acquis, par son enseignement et par ses écrits, la réputation d'un dialecticien des plus habiles ; il abusait même de la dialectique, car, au lieu de n'y voir que ce qu'elle est réellement, un simple moyen pour parvenir à la connaissance de la vérité, il la regardait presque comme une fin en elle-même, ce qui aboutissait naturellement à une sorte de verbalisme. Il semble aussi qu'il y ait eu chez lui, soit dans la méthode, soit pour le fond même des idées, une recherche de l'originalité qui le rapproche quelque peu des philosophes modernes ; et, à une époque où l'individualisme était chose à peu près inconnue, ce défaut ne pouvait risquer de passer pour une qualité comme il arrive de nos jours. Aussi certains s'inquiétèrent-ils bientôt de ces nouveautés, qui ne tendaient à rien moins qu'à établir une véritable confusion entre le domaine de la raison et celui de la foi ; ce n'est pas qu'Abélard fût à proprement parler un rationaliste comme on l'a parfois prétendu, car il n'y eut pas de rationalistes avant Descartes ; mais il ne sut pas faire la distinction entre ce qui relève de la raison et ce qui lui est supérieur, entre la philosophie profane et la sagesse sacrée, entre le savoir purement humain et la connaissance transcendante, et là est la racine de toutes ses erreurs. N'alla-t-il pas jusqu'à soutenir que les philosophes et les dialecticiens jouissent d'une inspiration habituelle qui serait comparable à l'inspiration surnaturelle des prophètes ? On comprend sans peine que saint Bernard, lorsqu'on appela son attention sur de semblables théories, se soit élevé contre elles avec force et même avec un certain emportement, et aussi qu'il ait reproché amèrement à leur auteur d'avoir enseigné que la foi n'était qu'une simple opinion. La controverse entre ces deux hommes si différents, commencée dans des entretiens particuliers, eut bientôt un immense retentissement dans les écoles et les monastères ; Abélard, confiant dans son habileté à manier le raisonnement, demanda à l'archevêque de Sens de réunir un concile devant lequel il se justifierait publiquement, car il pensait bien conduire la discussion de telle sorte qu'elle tournerait aisément à la confusion de son adversaire. Les choses se passèrent tout autrement : l'abbé de Clairvaux, en effet, ne concevait le concile que comme un tribunal devant lequel le théologien suspect comparaîtrait en accusé ; dans une séance préparatoire, il produisit les ouvrages d'Abélard et en tira les propositions les plus téméraires, dont il prouva l'hétérodoxie ; le lendemain, l'auteur ayant été introduit, il le somma, après avoir énoncé ces propositions, de les rétracter ou de les justifier. Abélard, pressentant dès lors une condamnation, n'attendit pas le jugement du concile et déclara aussitôt qu'il en appelait à la cour de Rome ; le procès n'en suivit pas moins son cours, et, dès que la condamnation fut prononcée, Bernard écrivit à Innocent II et aux cardinaux des lettres d'une éloquence pressante, si bien que, six semaines plus tard, la sentence était confirmée à Rome. Abélard n'avait plus qu'à se soumettre ; il se réfugia à Cluny, auprès de Pierre le Vénérable, qui lui ménagea une entrevue avec l'abbé de Clairvaux et parvint à les réconcilier.

Le concile de Sens eut lieu en 1140 ; en 1147, Bernard obtint de même, au concile de Reims, la condamnation des erreurs de Gilbert de la Porrée, l'évêque de Poitiers, concernant le mystère de la Trinité ; ces erreurs provenaient de ce que leur auteur appliquait à Dieu la distinction réelle de l'essence et de l'existence, qui n'est applicable qu'aux êtres créés. Gilbert se rétracta d'ailleurs sans difficulté ; aussi fut-il simplement défendu de lire ou de transcrire son ouvrage avant qu'il n'eût été corrigé ; son autorité, à part les points particuliers qui étaient en cause, n'en fut pas atteinte, et sa doctrine demeura en grand crédit dans les écoles pendant tout le moyen âge.

Deux ans avant cette dernière affaire, l'abbé de Clairvaux avait eu la joie de voir monter sur le trône pontifical un de ses anciens moines, Bernard de Pise, qui prit le nom d'Eugène III, et qui continua toujours à entretenir avec lui les plus affectueuses relations ; c'est ce nouveau pape qui, presque dès le début de son règne, le chargea de prêcher la seconde croisade. Jusque-là, la Terre Sainte n'avait tenu, en apparence tout au moins, qu'une assez faible place dans les préoccupations de saint Bernard ; ce serait pourtant une erreur de croire qu'il fût demeuré entièrement étranger à ce qui s'y passait, et la preuve en est dans un fait sur lequel, d'ordinaire, on insiste beaucoup moins qu'il ne conviendrait. Nous voulons parler de la part qu'il avait prise à la constitution de l'Ordre du Temple, le premier des Ordres militaires par la date et par l'importance, celui qui allait servir de modèle à tous les autres.

C'est en 1128, dix ans environ après sa fondation, que cet Ordre reçut sa règle au concile de Troyes, et c'est Bernard qui, en qualité de secrétaire du co ncile, fut chargé de la rédiger, ou tout au moins d'en tracer les premiers linéaments, car il semble que ce n'est qu'un peu plus tard qu'il fut appelé à la compléter, et qu'il n'en acheva la rédaction définitive qu'en 1131. Il commenta ensuite cette règle dans le traité *De laude novæ militiæ*, où il exposa en termes d'une magnifique éloquence la mission et l'idéal de la chevalerie chrétienne, de ce qu'il appelait la « milice de Dieu ». Ces rapports de l'abbé de Clairvaux avec l'Ordre du Temple, que les historiens modernes ne regardent que comme un épisode assez secondaire de sa vie, avaient assurément une tout autre importance aux yeux des hommes du moyen âge ; et nous avons montré ailleurs qu'ils constituent sans doute la raison pour laquelle Dante devait choisir saint Bernard pour son guide dans les ultimes cercles du Paradis.

∴

Dès 1145, Louis VII avait formé le projet d'aller au secours des principautés latines d'Orient, menacées par l'émir d'Alep ; mais l'opposition de ses conseillers l'avait contraint à en ajourner la réalisation, et la décision définitive avait été remise à une assemblée plénière qui devait se tenir à Vézelay pendant les fêtes de Pâques de l'année suivante. Eugène III, retenu en Italie par une révolution suscitée à Rome par Arnaud de Brescia, chargea l'abbé de Clairvaux de le remplacer à cette assemblée ; Bernard, après avoir donné lecture de la bulle qui conviait la France à la croisade, prononça un discours qui fut, à en juger par l'effet qu'il produisit, la plus grande action oratoire de sa vie ; tous les assistants se précipitèrent pour recevoir la croix de ses mains. Encouragé par ce succès, Bernard parcourut les villes et les provinces, prêchant partout la croisade avec un zèle infatigable ; là où il ne pouvait se rendre en personne, il adressait des lettres non moins éloquentes que ses discours. Il passa ensuite en Allemagne, où sa prédication eut les mêmes résultats qu'en France ; l'empereur Conrad, après avoir résisté quelque temps, dut céder à son influence et s'enrôler dans la croisade. Vers le milieu de l'année 1147, les armées française et allemande se mettaient en marche pour cette grande expédition, qui, en dépit de leur formidable apparence, allait aboutir à un désastre. Les causes de cet échec furent multiples ; les principales semblent être la trahison des Grecs et le défaut d'entente entre les divers chefs de la croisade ; mais certains cherchèrent, fort injustement, à en rejeter la responsabilité sur l'abbé de Clairvaux. Celui-ci dut écrire une véritable apologie de sa conduite, qui était en même temps une justification de l'action de la Providence, montrant que les malheurs survenus n'étaient imputables qu'aux fautes des chrétiens, et qu'ainsi « les promesses de Dieu restaient intactes, car elles ne prescrivent pas contre les droits de sa justice » ; cette apologie est contenue dans le livre *De Consideratione*, adressé à Eugène III, livre qui est comme le testament de saint Bernard et qui contient notamment ses vues sur les devoirs de la papauté. D'ailleurs, tous ne se laissaient pas aller au découragement, et Suger conçut bientôt le projet d'une nouvelle croisade, dont l'abbé de Clairvaux lui-même devait être le chef ; mais la mort du grand ministre de Louis VII en arrêta l'exécution. Saint Bernard mourut lui-même peu après, en 1153, et ses dernières lettres témoignent qu'il se préoccupa jusqu'au bout de la délivrance de la Terre Sainte.

Si le but immédiat de la croisade n'avait pas été atteint, doit-on dire pour cela qu'une telle expédition était entièrement inutile et que les efforts de saint Bernard avaient été dépensés en pure perte ? Nous ne le croyons pas, malgré ce que pourraient en penser les historiens qui s'en tiennent aux apparences extérieures, car il y avait à ces grands mouvements du moyen âge, d'un caractère politique et religieux tout à la fois, des raisons plus profondes, dont l'une, la seule que nous voulions noter ici, était de maintenir dans la Chrétienté une vive conscience de son unité.

La Chrétienté était identique à la civilisation occidentale, fondée alors sur des bases essentiellement traditionnelles, comme l'est toute civilisation normale, et qui allait atteindre son apogée au XIIIe siècle ; la perte de ce caractère traditionnel devait nécessairement suivre la rupture de l'unité même de la Chrétienté. Cette rupture, qui fut accomplie dans le domaine religieux par la Réforme, le fut dans le domaine politique par l'instauration des nationalités, précédée de la destruction du régime féodal ; et l'on peut dire, à ce dernier point de vue, que celui qui porta les premiers coups à l'édifice grandiose de la Chrétienté médiévale fut Philippe le Bel, celui-là même qui, par une coïncidence qui n'a assurément rien de fortuit, détruisit l'Ordre du Temple, s'attaquant par-là directement à l'œuvre même de saint Bernard.

⁂

Au cours de tous ses voyages, saint Bernard appuya constamment sa prédication par de nombreuses guérisons miraculeuses, qui étaient pour la foule comme des signes visibles de sa mission ; ces faits ont été rapportés par des témoins oculaires, mais lui-même n'en parlait que peu volontiers. Peut-être cette réserve lui était-elle imposée par son extrême modestie ; mais sans doute aussi n'attribuait-il à ces miracles qu'une importance secondaire, les considérant seulement comme une concession accordée par la miséricorde divine à la faiblesse de la foi chez la plupart des hommes, conformément à la parole du Christ : « Heureux ceux qui croiront sans avoir vu ! »

Cette attitude s'accorderait avec le dédain qu'il manifeste en général pour tous les moyens extérieurs et sensibles, tels que la pompe des cérémonies et l'ornementation des églises ; on a même pu lui reprocher, avec quelque apparence de vérité, de n'avoir eu que du mépris pour l'art religieux. Ceux qui formulent cette critique oublient cependant une distinction nécessaire, celle qu'il établit lui-même entre ce qu'il appelle l'architecture épiscopale et l'architecture monastique : c'est cette dernière seulement qui doit avoir l'austérité qu'il préconise ; ce n'est qu'aux religieux et à ceux qui suivent le chemin de la perfection qu'il interdit le « culte des idoles », c'est-à-dire des formes, dont il proclame au contraire l'utilité, comme moyen d'éducation, pour les simples et les imparfaits. S'il a protesté contre l'abus des figures dépourvues de signification et n'ayant qu'une valeur purement ornementale, il n'a pu vouloir, comme on l'a prétendu faussement, proscrire le symbolisme de l'art architectural, alors que lui-même en faisait dans ses sermons un très fréquent usage.

⁂

La doctrine de saint Bernard est essentiellement mystique ; par-là, nous entendons qu'il envisage surtout les choses divines sous l'aspect de l'amour, qu'il serait d'ailleurs erroné d'interpréter ici dans un sens simplement affectif comme le font les modernes psychologues. Comme beaucoup de grands mystiques, il fut spécialement attiré par le *Cantique des Cantiques*, qu'il commenta dans de nombreux sermons, formant une série qui se poursuit à travers presque toute sa carrière ; et ce commentaire, qui demeura toujours inachevé, décrit tous les degrés de l'amour divin, jusqu'à la paix suprême à laquelle l'âme parvient dans l'extase. L'état extatique, tel qu'il le comprend et qu'il l'a certainement éprouvé, est une sorte de mort aux choses de ce monde ; avec les images sensibles, tout sentiment naturel a disparu ; tout est pur et spirituel dans l'âme elle-même comme dans son amour. Ce mysticisme devait naturellement se refléter dans les traités dogmatiques de saint Bernard ; le titre de l'un des principaux, *De diligendo Deo*, montre en effet suffisamment quelle place y tient l'amour ; mais on aurait tort de croire que ce soit au détriment de la véritable intellectualité. Si l'abbé de Clairvaux voulut toujours demeurer étranger aux vaines subtilités de l'école, c'est qu'il n'avait nul besoin des laborieux artifices de la dialectique ; il résolvait d'un seul coup les questions les plus ardues, parce qu'il ne procédait pas par une longue série d'opérations discursives ; ce que les philosophes s'efforcent d'atteindre par une voie détournée et comme par tâtonnement, il y parvenait immédiatement, par l'intuition intellectuelle sans laquelle nulle métaphysique réelle n'est possible, et hors de laquelle on ne peut saisir qu'une ombre de la vérité.

Un dernier trait de la physionomie de saint Bernard, qu'il est essentiel de signaler encore, c'est la place éminente que tient, dans sa vie et dans ses œuvres, le culte de la Sainte Vierge, et qui a donné lieu à toute une floraison de légendes, qui sont peut-être ce par quoi il est demeuré le plus populaire. Il aimait à donner à la Sainte Vierge le titre de Notre-Dame, dont l'usage s'est généralisé depuis son époque, et sans doute en grande partie grâce à son influence ; c'est qu'il était, comme on l'a dit, un véritable « chevalier de Marie », et qu'il la regardait vraiment comme sa « dame », au sens chevaleresque de ce mot. Si l'on rapproche ce fait du rôle que joue l'amour dans sa doctrine, et qu'il jouait aussi, sous des formes plus ou moins symboliques, dans les conceptions propres aux Ordres de chevalerie, on comprendra facilement pourquoi nous avons pris soin de mentionner ses origines familiales. Devenu moine, il demeura toujours chevalier comme l'étaient tous ceux de sa race ; et, par là même, on peut dire qu'il était en quelque sorte prédestiné à jouer, comme il le fit en tant de circonstances, le rôle d'intermédiaire, de conciliateur et d'arbitre entre le pouvoir religieux et le pouvoir politique, parce qu'il y avait dans sa personne comme une participation à la nature de l'un et de l'autre. Moine et chevalier tout ensemble, ces deux caractères étaient ceux des membres de la « milice de Dieu », de l'Ordre du Temple ; ils étaient aussi, et tout d'abord, ceux de l'auteur de leur règle, du grand saint qu'on a appelé le dernier des Pères de l'Église, et en qui certains veulent voir, non sans quelque raison, le prototype de Galaad, le chevalier idéal et sans tache, le héros victorieux de la « queste du Saint Graal ».

Livres de René Guénon

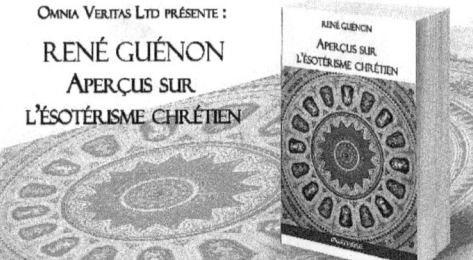

« Ce changement qui fit du Christianisme une religion au sens propre du mot et une forme traditionnelle... »

Les vérités d'ordre ésotérique, étaient hors de la portée du plus grand nombre...

« Il y a, à notre époque, bien des « contrevérités », qu'il est bon de combattre... »

Parmi toutes les doctrines « néo-spiritualistes », le spiritisme est certainement la plus répandue

« Nous nous étendons souvent sur les erreurs et les confusions qui sont commises au sujet de l'initiation... »

On se rend compte du degré de dégénérescence auquel en est arrivé l'Occident moderne...

« Dans l'Islamisme, la tradition est d'essence double, religieuse et métaphysique »

On les compare souvent à l'« écorce » et au « noyau » (el-qishr wa el-lobb)

« En considérant la contemplation et l'action comme complémentaires, on se place à un point de vue déjà plus profond et plus vrai »

... la double activité, intérieure et extérieure, d'un seul et même être

« Sottise et ignorance peuvent en somme être réunies sous le nom commun d'incompréhension »

Le peuple est comme un « réservoir » d'où tout peut être tiré, le meilleur comme le pire

Omnia Veritas Ltd présente :

RENÉ GUÉNON
INTRODUCTION GÉNÉRALE À L'ÉTUDE DES DOCTRINES HINDOUES

« Bien des difficultés s'opposent, en Occident, à une étude sérieuse et approfondie des doctrines hindoues »

... ce dernier élément qu'aucune érudition ne permettra jamais de pénétrer

Omnia Veritas Ltd présente :

RENÉ GUÉNON
LE RÈGNE DE LA QUANTITÉ ET LES SIGNES DES TEMPS

« Car tout ce qui existe en quelque façon que ce soit, même l'erreur, a nécessairement sa raison d'être »

... et le désordre lui-même doit finalement trouver sa place parmi les éléments de l'ordre universel

Omnia Veritas Ltd présente :

RENÉ GUÉNON
LE ROI DU MONDE

« Un principe, l'Intelligence cosmique qui réfléchit la Lumière spirituelle pure et formule la Loi »

Le Législateur primordial et universel

« Notre but, disait alors Mme Blavatsky, n'est pas de restaurer l'Hindouïsme, mais de balayer le Christianisme de la surface de la terre »

Le vocable de théosophie servait de dénomination commune à des doctrines assez diverses

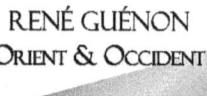
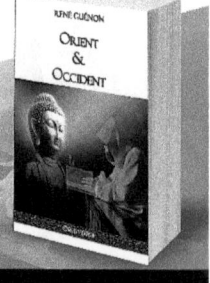

«La civilisation occidentale moderne apparaît dans l'histoire comme une véritable anomalie...»

... cette civilisation est la seule qui se soit développée dans un sens purement matériel

« Ce développement matériel a été accompagné d'une régression intellectuelle qu'il est fort incapable de compenser »

Qu'importe la vérité dans un monde dont les aspirations sont uniquement matérielles et sentimentales

Omnia Veritas Ltd présente :

RENÉ GUÉNON

ÉTUDES SUR LA FRANC-MAÇONNERIE ET LE COMPAGNONNAGE

«Parmi les symboles usités au moyen âge, outre ceux dont les Maçons modernes ont conservé le souvenir tout en n'en comprenant plus guère la signification, il y en a bien d'autres dont ils n'ont pas la moindre idée.»

la distinction entre « Maçonnerie opérative » et « Maçonnerie spéculative »

Omnia Veritas Ltd présente :

RENÉ GUÉNON

LA GRANDE TRIADE

«On veut trouver dans tout ternaire traditionnel, quel qu'il soit, un équivalent plus ou moins exact de la Trinité chrétienne»

Il s'agit bien évidemment d'un ensemble de trois aspects divins

Omnia Veritas Ltd présente :

RENÉ GUÉNON

LE SYMBOLISME DE LA CROIX

«La considération d'un être sous son aspect individuel est nécessairement insuffisante»

... puisque qui dit métaphysique dit universel

Omnia Veritas Ltd présente :

RENÉ GUÉNON
AUTORITÉ SPIRITUELLE ET POUVOIR TEMPOREL

« la distinction des castes constitue, dans l'espèce humaine, une véritable classification naturelle à laquelle doit correspondre la répartition des fonctions sociales »

L'égalité n'existe nulle part en réalité

Omnia Veritas Ltd présente :

RENÉ GUÉNON
LA CRISE DU MONDE MODERNE

«Il semble d'ailleurs que nous approchions du dénouement, et c'est ce qui rend plus sensible aujourd'hui que jamais le caractère anormal de cet état de choses qui dure depuis quelques siècles»

Une transformation plus ou moins profonde est imminente

OMNIA VERITAS LTD PRÉSENTE :

RENÉ GUÉNON
ARTICLES & COMPTES-RENDUS NON REPRIS

«... on voit une barque portée par le poisson, image du Christ soutenant son Église » ; or on sait que l'Arche a souvent été regardée comme une figure de l'Église... »

Le Vêda, qu'il faut entendre comme la Connaissance sacrée dans son intégralité

« ... ce terme de « réincarnation » ne s'est introduit dans les traductions de textes orientaux que depuis qu'il a été répandu par le spiritisme et le théosophisme... »

... la « réincarnation » a été imaginée par les Occidentaux modernes...

« On tient d'autant plus à ne voir que de l'« humain » dans les doctrines hindoues que cela faciliterait grandement les entreprises « annexionnistes » dont nous avons déjà parlé »

Il s'agit en fait de deux traditions, qui comme telles sont d'essence également surnaturelle

« ... l'état suprême n'est pas quelque chose à obtenir par une « effectuation » quelconque ; il s'agit uniquement de prendre conscience de ce qui est. »

... l'éloignement du Principe, nécessairement inhérent à tout processus de manifestation

OMNIA VERITAS LTD PRÉSENTE :

RENÉ GUÉNON

CORRESPONDANCE II

« ... Vous me demandez s'il y a quelque chose de changé depuis la publication de mes ouvrages ; certaines portes, du côté occidental, se sont fermées d'une façon définitive »

Quant à l'Islam politique, mieux vaut n'en pas parler, car ce n'est plus qu'un souvenir historique

OMNIA VERITAS LTD PRÉSENTE :

RENÉ GUÉNON

FORMES TRADITIONNELLES & CYCLES COSMIQUES

« Les articles réunis dans le présent recueil représentent l'aspect le plus original de l'œuvre de René Guénon »

Fragments d'une histoire inconnue

OMNIA VERITAS LTD PRÉSENTE :

RENÉ GUÉNON

Écrits sous la signature de T PALINGÉNIUS

« ... Il est un certain nombre de problèmes qui ont constamment préoccupé les hommes, mais il n'en est peut-être pas qui ait semblé généralement plus difficile à résoudre que celui de l'origine du Mal... »

Comment donc Dieu, s'il est parfait, a-t-il pu créer des êtres imparfaits ?

www.omnia-veritas.com

www.ingramcontent.com/pod-product-compliance
Lightning Source LLC
Chambersburg PA
CBHW070937160426
43193CB00011B/1713